Hacks avancés

pour Twitch

Contenu

La tendance du streaming est l'une des modalités les plus préférées de nos jours, car il s'agit d'une forme ou d'une présentation plus interactive du contenu. La meilleure proposition de ce type de contenu est Twitch, une plateforme intéressante qui ajoute de plus en plus de fonctionnalités pour faire briller chaque compte.

Le service et les options offertes par cette plateforme pour chaque compte est quelque chose que vous devez connaître, soit pour profiter de chaque alternative de divertissement, soit pour former un compte avec lequel vous pourrez faire reconnaître votre utilisateur et en même temps générer de l'argent, donc vous allez avoir les données les plus basiques et avancées de ce média.

L'émergence de Twitch

La trajectoire de Twitch a commencé en 2011, à partir de ce moment-là, elle a entamé un parcours couronné de succès, au-delà du fait qu'il s'agissait d'une option de streaming secondaire derrière YouTube, puis au fil du temps, elle a gagné une place beaucoup plus importante parmi les utilisateurs, notamment avec le soutien d'Amazon, qui a acquis cette plateforme après son évolution.

Elle est définie comme une plateforme de jeux vidéo, car étant un espace idéal pour le streaming, de plus en plus de gamers créent une chaîne sur Twitch, notamment parce qu'il y a beaucoup de contenu à exploiter sur un jeu ou tout autre sujet, il est donc toujours possible de créer et de développer un compte.

Ce service de streaming gagne en popularité, même auprès des enfants. Les origines de la plateforme ont beaucoup à voir avec le fait de pousser le streaming à toutes sortes de fins, qu'il s'agisse de blog, de musique, de cuisine, etc. bien que le sujet le plus populaire soit les jeux vidéo.

La force de Twitch réside dans l'e-sport, qui a été l'une des premières offres de contenu à être de plus en plus consolidée à ce point, ce qui en fait un espace idéal pour les diffusions de jeux vidéo, quel que soit le genre.

Twitch lui-même, en plus de ses streamings, a brillé en incluant le chat direct, de sorte que les streamers peuvent maintenir un retour d'information au fur et à mesure qu'ils développent la diffusion, créant un lien avec les utilisateurs ou les fans en temps réel, émettant ainsi le sentiment d'être entendu ou assisté, pour créer un lien entre le streamer et le fan.

La formation de Twitch faisait partie d'une offre de Justin.tv, qui est un service présentant de grandes similitudes avec YouTube, mais dont la force résidait dans le streaming en direct, car les autres services de cette catégorie ne diffusent des vidéos qu'en différé. En 2014, Justin.tv a changé d'organisation pour devenir Twitch Interactive.

Ce type de changement était une réponse à l'énorme popularité et à la quantité de trafic diffusé par Twitch. La même année, la plateforme s'est hissée parmi les quatre plateformes ayant le plus haut niveau de trafic en ligne, ce qui lui a permis d'atteindre régulièrement 50 millions de visiteurs uniques sur une base mensuelle.

Face à ce phénomène, l'intérêt d'Amazon s'est éveillé, au point de racheter la plateforme, cette opération financière est estimée à 800 millions d'euros, depuis ce rachat Twitch n'a cessé de croître, au même niveau que le nombre de visites a augmenté et des fonctions ont été ajoutées de la même manière.

L'une des nouvelles fonctionnalités est que les utilisateurs peuvent offrir des conseils aux streamers de leur choix, ainsi que créer et promouvoir du contenu payant pour la communauté d'utilisateurs premium, se positionnant ainsi comme un service de streaming reconnu en 202 pour dépasser YouTube Gaming.

L'opportunité de visionnage offerte par Twitch est réelle, avec jusqu'à 15 millions d'utilisateurs cherchant à visionner l'un des 3,8 millions de canaux sur une base quotidienne. La création d'un compte sur cette plateforme est donc une fenêtre importante pour la diffusion de contenu à ce niveau.

Découvrez comment accéder à Twitch

Si vous voulez faire partie de Twitch, la première chose que vous devez faire est de vous connecter au site web ou d'utiliser leurs applications soit pour un appareil mobile soit pour une console, aussi cette plateforme vous permet de regarder du contenu sans vous enregistrer, mais pour participer au chat avec les streamers si vous devez avoir un compte.

Les avantages d'un compte Twitch sont essentiels, notamment parce que vous pouvez recevoir des notifications lorsqu'ils vont diffuser un flux en direct et qu'il s'agit d'un streamer favori, donc créer votre propre chaîne est une bonne décision à envisager, vous devez savoir que c'est un processus gratuit et que vous devez seulement mettre un nom d'utilisateur, un mot de passe, des données de naissance et une adresse e-mail.

- **Découvrez comment trouver des chaînes sur Twitch.**

Lorsque vous vous connectez à Twitch, vous pouvez obtenir un grand nombre de chaînes intéressantes. Sur la page ou la section principale, vous verrez les catégories qui sont à la mode en ce moment, généralement la catégorie dominante est le jeu vidéo, avec Genshin, League of Legends et Rust étant les plus populaires.

Chaque saison ou innovation de ces jeux est mise à profit par des streamers spécialisés dans ce sujet. Si vous ne souhaitez pas voir l'une de ces catégories, vous pouvez cliquer sur "Explorer" pour voir un large répertoire de sujets, car au-delà des jeux, il y a aussi un bon éventail de contenus proposés.

L'une des catégories les plus curieuses ou les plus fréquentées est celle des utilisateurs qui discutent ou débattent d'un sujet, certains comptes créent même un calendrier fixe pour présenter leurs interviews comme une sorte de bulletin d'information ou de débat que les utilisateurs attendent, c'est une manière beaucoup plus interactive par rapport à une radio ou un podcast.

Les sujets sont traités ou présentés au rythme du chat, d'autre part, vous pouvez découvrir ce que le monde de Twitch offre, où les comptes qui racontent des voyages ou font partie de ce thème brillent également, ce sont des directs qui cherchent à partager des expériences, c'est un signe que tout n'est pas du contenu de jeu.

Une autre catégorie intéressante est celle des talk-shows et des podcasts, qui permet de développer toutes sortes de programmes, et la section artistique montre aux artistes comment ils génèrent un projet étape par étape. Il en va de même pour la catégorie musique, où les artistes diffusent leurs chansons en direct et répondent aux demandes ou aux questions.

Au-delà du type de contenu que vous choisissez, vous pouvez utiliser un système de balises pour filtrer et spécialiser votre recherche. Il s'agit de mots en gris sous les flux en direct ; si vous cliquez dessus, le site Web réorganisera les flux liés à cette balise.

Une autre façon de chercher sur cette plateforme, est de le faire manuellement sur le moteur de recherche, vous devez aussi faire attention aux tags qui sont tendance en ce moment, pour chaque type de catégorie vous trouverez deux divisions, entre la vidéo et le clip, ceux-ci fournissent du contenu différé, comme des enregistrements en direct de dates précédentes.

Cela signifie que lorsque vous manquez un stream, vous avez la possibilité de le revivre, mais la distinction entre ces sections est que les "vidéos" consistent à regrouper des émissions complètes, qui peuvent durer jusqu'à deux heures, tandis que les clips sont de courts extraits qui sont présentés comme des moments forts et sont parfois créés par des fans.

Il y a beaucoup à trouver sur Twitch, car il s'agit d'une plateforme qui peut être utilisée de différentes manières, les créateurs de contenu ont la possibilité d'innover, et des chaînes ont vu le jour qui sont étroitement liées à l'explication et au débat politique.

- **Ce que vous pouvez faire tout en profitant d'un spectacle en direct**

Une fois que vous avez sélectionné une chaîne que vous aimez, vous pouvez cliquer sur "suivre", c'est un symbole décrit comme un cœur violet, pour qu'elle soit attachée à votre liste, afin que vous receviez des notifications, comme un avis que Twitch diffuse quand la chaîne sera en direct.

Si, à tout moment, vous souhaitez ne plus recevoir de notifications, il vous suffit d'éteindre la cloche, ou si vous regrettez de suivre une chaîne et souhaitez cesser de la suivre, il vous suffit de cliquer à nouveau sur le cœur. Si vous connaissez un utilisateur susceptible d'aimer la chaîne, il vous suffit de cliquer sur l'icône de la flèche vers le haut.

Au-dessus du plateau se trouve l'option permettant de recommander une chaîne, d'où la possibilité de partager l'URL pour le poster sur les réseaux sociaux ou tout autre média. De même, lorsqu'un contenu enfreint les règles de la plateforme, comme des commentaires racistes, des contenus sexuels et autres, vous pouvez dénoncer le créateur.

Sur le côté droit vous pouvez voir les options de chat, vous devez suivre le canal à l'avance, puis cliquez sur "envoyer un message", ainsi vous pouvez écrire et envoyer ce que vous voulez, tant que vous ne violez pas les règles, dans ce mode vous pouvez utiliser des emojis en cliquant sur le visage.

Ces options permettent de visualiser les emojis les plus utilisés, de la même manière que vous pouvez personnaliser les emojis de ce chat, ou tout autre type d'expression, mais lorsqu'elles sont munies d'un cadenas, cela signifie que vous devez suivre et vous abonner au canal pour l'utiliser. Si le chat vous dérange trop, vous pouvez cliquer sur la flèche pour le réduire.

Au cours du chat, vous pouvez rencontrer une personne qui vous plaît, vous pouvez la suivre en cliquant sur son nom, vous pouvez cliquer sur ajouter un ami ou chuchoter, en général vous choisissez d'abord chuchoter pour avoir la possibilité d'envoyer un message et de vous présenter afin de vous ajouter l'un à l'autre.

De la même manière que vous pouvez cliquer sur la petite icône représentant une personne au-dessus du chat, cela fera apparaître une liste d'utilisateurs afin que vous ayez le contact qui vous intéresse.

Contenu précieux proposé dans les flux Twitch

Pour réfléchir au type de valeur que vous pouvez créer et offrir sur Twitch, il est facile, en parcourant l'ensemble de la plateforme, de se faire une idée de ce qui est proposé, et tant que vous comprenez la façon dont cette plateforme est développée ou la façon dont elle est, il sera plus facile de faire partie de ce type d'environnement.

Suivre l'idée que de nombreuses personnes se réunissent pour apprécier le streaming vous aide à construire un contenu qui répond à ces attentes, surtout lorsque différents facteurs habitent ce type de plateforme. Généralement, les chaînes qui reçoivent le plus d'attention sont celles qui présentent des démos ou des versions d'avant-première des jeux les plus populaires.

Dans le cas des fans de Call of Duty, ils peuvent être intéressés par les streamers qui diffusent un gameplay ou une astuce sur ce sujet. De même, lorsque vous regardez des gameplays, cela vous aide à dissiper vos doutes sur un jeu, mais si vous doutez que ce soit votre point fort, il est préférable de choisir une autre voie.

L'essentiel est que vous sachiez tout sur le sujet que vous espérez couvrir, c'est pourquoi il s'agit d'une large dédicace, car l'intention est que votre compte soit un moyen pour vous de découvrir plus de détails sur cette livraison, sans penser à l'argent ou à la célébrité de la même manière il faut que ce soit une livraison avec laquelle vous vous amusez.

Il n'est pas conseillé de commencer avec un investissement lourd, mais d'essayer avec des options valables qui vous aident à avoir un bon départ pour augmenter le niveau jusqu'à créer une communauté qui vous suit, l'important est de prendre la décision de se préparer et d'être créatif sur ce sujet pour en montrer le meilleur.

Pour ne pas être redondant, vous ne pouvez pas perdre de vue la nécessité d'établir un thème créatif, où votre personnalité est également un point d'attraction, puisque le contenu n'est pas seulement choisi par le titre mais aussi par ce que le streamer transmet, car l'intention est que l'utilisateur puisse passer un bon moment et surtout qu'il puisse interagir.

Réussir sur Twitch est possible lorsqu'on fait appel au charisme, c'est une façon de jouer sur la personnalité pour délivrer la meilleure présentation possible, c'est pourquoi il est mentionné que c'est un ensemble de facteurs pour devenir un streamer en ligne célèbre.

En savoir plus sur le paiement Prime gaming ou l'abonnement à une chaîne

Lorsque vous commencerez à apprécier de plus en plus la plateforme Twitch, vous voudrez souscrire un abonnement payant, bien que l'on puisse se demander si c'est un investissement rentable ou non, alors sachez que l'abonnement principal que vous pouvez épuiser s'appelle Twitch Gaming, mais s'appelait à l'origine Twitch Prime.

Ce type de paiement offre différents avantages, mais cela ne signifie pas que la version gratuite n'offre pas d'avantages, car lorsque vous aimez une chaîne, vous pouvez en profiter sans avoir à payer le créateur, tandis que la version payante renvoie à une question d'exclusivité que vous n'obtenez pas par d'autres moyens.

Le mode Prime est en plein essor, notamment parce que le paiement est inclus sur Amazon Prime depuis 2014 que cette société a racheté la plateforme, cela signifie que si vous avez Amazon Prime vous pouvez compter sur Prime Gaming, ce type d'abonnement seul a un coût de 4 euros par mois.

Ce type d'offre est idéal pour tout ce qu'il apporte, mais il est surtout plus rentable d'acheter Amazon Prime pour ce bonus supplémentaire de Twitch, d'autre part, il y a les offres d'abonnement individuel, l'important est de savoir à l'avance que vous allez trouver une large offre sur chaque chaîne.

Chaque chaîne peut également maintenir une offre d'abonnement mensuel, de sorte que vous pouvez payer pour obtenir plus d'avantages, et chacun de ces abonnements est chargé de partager ou d'offrir un ensemble d'innovations concernant la chaîne et le contenu, notamment le fait que les publicités n'apparaissent pas pendant les émissions.

Le chat exclusif est une option qui n'est pas accessible à tous, il en va de même pour le catalogue de vidéos qui n'est destiné qu'à ce type d'abonnés, les autres avantages sont dus à un problème de conception, en plus d'être débloqués différents emojis qui peuvent être personnalisés.

L'inscription payante d'une chaîne est effectuée comme une démonstration d'admiration pour la création de contenu qui est faite, surtout lorsque vous cherchez à émettre un soutien financier pour continuer à produire ces vidéos, c'est ce qui motive les utilisateurs à payer, c'est plus pour l'admiration que pour un quelconque choix d'utilité.

Le niveau de sécurité offert par Twitch

En plaçant twitch comme l'une de vos plateformes favorites et en l'ajoutant à votre navigateur, vous pouvez effectuer des réglages de profil, mais avant toute modification cosmétique, il est préférable de se familiariser avec la section sécurité et confidentialité, car il s'agit d'une plateforme où certains hackers peuvent émerger.

La prévention au sein d'une plateforme n'est jamais une mauvaise chose. La première mesure à prendre est donc de créer un mot de passe long, composé de majuscules, de minuscules, de chiffres et d'un signe de ponctuation, ce qui est gênant pour beaucoup, mais constitue la meilleure garantie que vous ne serez pas une cible facile pour les pirates.

D'autre part, vous pouvez choisir de mettre en place une authentification en deux étapes, qui fonctionne comme une couche de protection au départ avant la connexion, de sorte que lorsque quelqu'un essaie d'accéder à votre compte, il ne pourra pas le faire, car il émet même un code pour changer le mot de passe.

Au-delà des hacks, une interrogation constante se pose à travers le type de contenu qui peut être posté pour les enfants ou les mineurs, mais il faut savoir que Twitch n'est pas une plateforme créée ou conçue dans le but d'accueillir des mineurs, bien qu'elle ait une politique sérieuse de modération du contenu afin qu'il ne soit pas violent ou offensant.

Mais une partie du contenu peut laisser échapper des informations inappropriées pour les enfants, et la plupart des jeux appartiennent à la catégorie des jeux violents. En plus du contenu, il y a aussi le risque lié aux chats, car les enfants ont accès à des chats avec des inconnus et peuvent envoyer des messages privés.

Dans de telles situations, la plateforme dispose d'options pour aider à bloquer les utilisateurs et les chaînes, mais la réalité est qu'il s'agit d'une plateforme qui n'est pas recommandée pour les enfants de moins de 13 ans, ils ne doivent donc pas l'utiliser, au cas où ils auraient des jeux favoris, il est préférable qu'ils les regardent sur YouTube à travers leurs extraits.

Les différents thèmes sur Twitch

Tous les amateurs de jeux vidéo sont parfaitement conscients de ce que Twitch a à offrir, mais toutes sortes de contenus ont émergé et sont plébiscités par la communauté qui, à son tour, préfère les contenus en streaming, et cela ne cesse d'augmenter d'année en année, notamment avec les événements qui ont lieu chaque année.

Plus de personnes dans le monde entrent sur Twitch pour différentes raisons, pour cette raison c'est un espace pour entrer et avoir un compte, parce que si vous êtes un amoureux des émissions vidéo c'est une opportunité pour montrer votre talent, surtout pour profiter de la croissance excessive que cette plateforme a.

La communauté mondiale de Twitch est accessible à tout utilisateur, c'est pourquoi elle est classée comme un réseau social, atteignant le même niveau que Facebook, Instagram et même YouTube, et sa qualité mondiale est due à la pression d'Amazon pour que chaque joueur puisse diffuser en direct pour les utilisateurs qui peuvent interagir.

Découvrez les étapes de la création d'un compte Twitch.

Pour créer un compte sur Twitch, il suffit de suivre quelques étapes simples, grâce auxquelles vous pourrez exploiter toutes les fonctionnalités de cette plateforme, les étapes sont les suivantes :

1. Connectez-vous à https://www.twitch.tv/.
2. Cliquez sur le coin où apparaît l'option "Enregistrer".
3. Remplissez les champs demandés avec vos données personnelles, ce qui implique de définir votre nom d'utilisateur, votre mot de passe et votre date de naissance.
4. Choisissez le courrier électronique comme moyen de contact.
5. Vous pouvez profiter de la connexion de la plate-forme avec Facebook, de sorte que vous pouvez commencer par Facebook.

Une fois que vous aurez suivi ce court processus, vous disposerez d'un compte fonctionnel qui vous permettra de diffuser et de gagner en popularité au fil du temps, en utilisant chacune des options de la plateforme.

Comment fonctionne Twitch

Créer un compte Twitch et faire fonctionner vos alternatives Twitch est simple, mais la première chose à faire sérieusement est de bien comprendre le fonctionnement de ce type de plateforme, afin que le contenu que vous présentez puisse dépasser toutes les attentes.

- **Explorer Twitch**

Cette option vous permet, en tant que nouvel utilisateur, de découvrir tout ce que vous pouvez trouver sur cette plateforme. Il vous suffit de cliquer sur le bouton "Explorer" pour avoir accès à une liste exhaustive de catégories, présentant ainsi le contenu disponible que vous pouvez commencer à consulter.

Sur la page d'accueil de chaque titre, vous pouvez regarder de près le nombre de personnes en ligne, ce qui vous permet de cliquer sur la page d'accueil du jeu pour voir qui est en train de streamer sur ce sujet, vous pouvez également passer dans le menu "Showing" pour passer des catégories aux chaînes en direct triées par le nombre de visiteurs.

- **Les chaînes que vous suivez**

Il s'agit d'une liste des chaînes auxquelles vous êtes abonné, où vous pouvez avoir accès aux utilisateurs qui sont "Offline" s'ils ne sont pas en ligne, ou à ceux qui diffusent à ce moment-là. S'ils sont en ligne à ce moment-là, cela signifie qu'ils sont actifs.

- **Chaînes en vedette**

Il s'agit de chaînes Twitch que vous êtes invité à suivre parce qu'elles sont les plus populaires au sein de cette communauté, c'est comme une sorte de suggestion sur le sujet que vous suivez, de sorte que vous sélectionnez les comptes les plus importants dans cet environnement.

- **Gameplay, swag et autres détails de Twitch Prime**

Ce type d'offre correspond à des récompenses hebdomadaires, vous pouvez donc obtenir des dons et autres monétisations dont dispose Twitch Prime.

- **Notifications**

Elles peuvent être activées par l'intermédiaire de l'icône de la cloche, c'est un moyen de recevoir des notifications sur tout changement généré sur la plate-forme, ces changements peuvent être de nouveaux abonnés, des réalisations, et d'autres types de messages sur les chaînes que vous suivez, ou d'autres nouvelles de ce type.

- **Obtenir des bits**

Les bits sont utilisés comme un système de récompense qui peut être acheté pour être partagé ou utilisé avec les créateurs favoris, ce type de système de récompense est une incitation au niveau économique.

- **Outils et fonctions du profil**

Vous trouverez ici toutes les fonctionnalités, outils, configurations et autres paramètres du panneau de contrôle pour gérer votre compte Twitch.

Twitch Prime et tout ce qu'il représente

Le fonctionnement de Twitch Prime se traduit par une version Premium de cette plateforme, cette version permet d'obtenir toute une série de cadeaux qui se débloquent à chaque progression, en plus de l'octroi et de la conception de contenus exclusifs, mais le mieux est de pouvoir profiter des contenus sans aucune publicité.

Étant donné que Twitch est détenu par Amazon, il est proposé par l'achat de comptes Amazon Prime ou Prime Video avec du contenu Twitch Prime, cela se fait automatiquement.

Apprenez à streamer sur Twitch

Il s'agit d'une diffusion comme celle qui a lieu sur YouTube ou Facebook Live, elle peut également être réalisée par le biais d'OBS, c'est simple et il suffit de suivre une configuration qui à première vue peut sembler complexe, mais si vous suivez ces étapes vous pouvez réaliser la transmission :

1. Connectez-vous à OBS Studio, qui doit être téléchargé au préalable.
2. Cliquez sur Fichier, puis sur Configuration jusqu'à ce que vous atteigniez le bouton "Issue".
3. La prochaine chose à sélectionner est le type de diffusion, vous devez cliquer sur ; relay service.
4. Dans la section service, cliquez sur "Twitch".
5. Par le biais du serveur, vous pouvez entrer dans l'option "Automatique".
6. Là où il est indiqué "clé de diffusion", vous devez coller la clé de diffusion de la chaîne Twitch.

Pour trouver la clé de diffusion, il suffit de se connecter à votre compte Twitch, puis dans le coin où votre nom d'utilisateur apparaît, vous devez cliquer, la prochaine chose est d'entrer dans le panneau de contrôle, et entrer dans les paramètres de cliquer sur "canal", de cette façon vous pouvez sélectionner pour montrer la clé de diffusion principale.

Il est important que vous lisiez l'avis que la plateforme émet, afin que vous soyez d'accord avec toutes les conditions et que vous cliquiez sur "compris", ensuite il suffit de le copier pour l'utiliser dans OBS.

Caractéristiques du panneau de contrôle Twitch

Le panneau de contrôle de Twitch est l'un des points importants à considérer, car cette plateforme de streaming a plusieurs préférences lors de la diffusion, pour cette raison, elle dispose d'un large service de configuration, il suffit de prêter attention à chaque option pour obtenir le meilleur de la chaîne, ces options sont utiles.

Grâce à une sélection particulière, vous pouvez gagner de l'argent par le biais de Twitch, ce qui ajoute plus de pertinence à ces étapes, vous devez donc découvrir les paramètres de base suivants :

1. **En direct**

Les informations sur la diffusion se trouvent dans cette section, grâce à ces options vous pouvez trouver le titre de la diffusion, les notifications sur ce qui se passe pendant les diffusions en direct, la catégorie à laquelle le contenu appartient, jusqu'aux tags et la langue.

2. Titre

Vous disposez de 140 caractères pour saisir un titre à la diffusion, vous pouvez donc essayer de le rendre accrocheur pour gagner des utilisateurs, c'est le moyen d'attirer beaucoup de monde, ainsi quand quelqu'un tombe sur votre diffusion, il n'hésitera pas à entrer pour regarder le contenu.

3. Notifications de diffusion en direct

Il s'agit d'un type de message qui apparaît aux followers lorsque vous diffusez en direct, mais il est préférable d'utiliser cette opportunité pour trouver de manière créative un appel à l'action qui puisse obtenir des résultats, pour cela vous pouvez créer un texte de 140 caractères à cet effet.

4. Catégorie

Pour choisir le type de catégorie, vous devez vous concentrer uniquement sur le type de contenu que vous allez publier, ce détail est important car si vous sélectionnez une autre catégorie qui n'est pas liée au sujet, vous n'allez pas obtenir les bons spectateurs, car ils ne trouveront pas votre contenu parce qu'il est au mauvais endroit.

5. Tags

Les tags représentent un point crucial, mais ils sont sous-estimés par la plupart des utilisateurs sur Twitch, alors qu'en fait ils peuvent aller plus loin avec votre compte en lui donnant l'attention qu'il mérite, utilisés pour décrire le flux ou l'indirection, au-dessus de la catégorie.

La plupart des téléspectateurs les utilisent pour trouver des flux qui les intéressent, car ils fonctionnent comme une sorte de filtre qui permet de filtrer le contenu que vous recherchez dans un vaste catalogue. Lorsqu'ils recherchent des tags spécifiques et explorent les recommandations, ce sont les voies par lesquelles un grand nombre d'utilisateurs arrivent sur la chaîne.

Twitch se charge de gérer la question des balises, car il cherche à proposer une sélection disponible, mais vous avez la possibilité de la personnaliser et d'en ajouter, suite aux retours que vous recevez et en fonction du type de contenu que vous diffusez.

Idéalement, les tags doivent suivre les mêmes aspirations de la communauté, vous pouvez donc même inclure un type de tag spécifique, pour choisir celui qui convient vous pouvez suivre quelques suggestions ou rechercher les tags disponibles sur le sujet qui a du domaine dans les émissions que vous faites.

Les balises se trouvent à côté de la vignette ou de l'extrait de la vidéo, ce qui signifie qu'elles doivent être compatibles avec le titre de la vidéo ainsi qu'avec la catégorie, de cette façon vous obtiendrez l'attention que vous recherchez. Dans le cas des pages de répertoire, il s'agit d'un espace où les spectateurs peuvent utiliser les balises pour filtrer les répertoires de catégories.

En fonction de ce que les utilisateurs recherchent, ils peuvent être atteints avec les balises que vous placez, c'est-à-dire que si un utilisateur ne place que de l'art, et que vous voulez attirer l'attention des personnes qui ont cette préférence, la balise doit certainement être composée de ce mot, bien que vous puissiez utiliser les recommandations personnalisées comme système où les balises sont estimées.

Lorsque vous recommandez de nouvelles émissions en fonction du type d'historique de visionnage, vous devriez suivre ou utiliser le tag le plus répété au sein de la communauté que vous souhaitez atteindre, c'est-à-dire qui vous rend plus éligible à leurs préférences, il en va de même pour les tags les plus recherchés.

L'inclusion de balises a beaucoup à voir avec les diffusions en direct, car elles sont incluses au-dessus de la section d'informations sur la diffusion, cela se fait via le panneau de contrôle en direct, cela peut être fait par les propriétaires de chaînes ainsi que par les éditeurs.

Certaines balises sont ajoutées automatiquement en même temps que la langue. Si vous souhaitez changer de langue, vous devez entrer dans l'émission en direct dans le panneau de contrôle en direct. La configuration des balises doit être mise à jour tout comme les titres, car leur fonction est de décrire l'émission en cours lorsque la chaîne diffuse une émission en direct.

Lorsque vous diffusez en direct via un logiciel de diffusion tiers, il est essentiel de ne pas oublier d'incorporer les balises appropriées via le panneau de contrôle en direct, ou de demander à un éditeur de chaîne de s'occuper de cette fonction.

La conception des balises a pour but d'aider le téléspectateur à trouver le contenu idéal. En fonction de ses centres d'intérêt, il peut tomber sur ce qu'il veut, et ces balises peuvent ne pas être liées à une catégorie ou à un sujet particulier, ce qui vous permet de gagner en liberté lorsque vous créez une balise pour décrire l'émission.

Cela signifie que vous pouvez diffuser du contenu tendance sans que la vidéo doive faire partie de cette catégorie. L'important est de consacrer du temps et des efforts à la description de la diffusion, toujours avec une vision objective afin que le contenu puisse être recommandé sans problème et dirigé vers les spectateurs qui vous conviennent.

Dans le cas de la publication de jeux ou de contenus compétitifs, vous ne devez pas ajouter une balise indiquant "passionnant", sinon le contenu n'apparaîtra pas au-dessus de la section ou de la liste des vidéos vedettes.

6. Langue

La langue qui apparaît dans la plupart des options, va de pair avec la langue que vous utilisez pour votre émission, vous pouvez également sélectionner la langue qui convient à votre nationalité, et lorsque vous définissez une langue spécifique, vous pouvez générer un accès à l'émission pour cette langue spécifique.

Lorsque vous définissez la langue de manière appropriée, vous obtenez l'aide nécessaire pour que le compte soit trouvé efficacement et sans perdre trop de temps, c'est donc un détail qu'il ne faut pas sous-estimer.

7. Extensions

Les extensions sont différentes applications ou plugins qui sont installés pour faire des ajustements aux diffusions, afin que la chaîne puisse recevoir un niveau de valeur plus élevé, car il existe une grande variété d'extensions pour répondre à vos objectifs, vous pouvez donc trouver celle qui convient à vos besoins.

8. Réalisations

Une plateforme comme Twitch offre également des incitations telles que des réalisations, de sorte qu'une fois que vous aurez accompli certaines étapes, vous aurez la possibilité de débloquer certaines fonctionnalités de la plateforme, ou vous pouvez simplement l'utiliser comme une distraction, l'important étant que vous vous motiviez en tant que streamer pour être le meilleur.

9. Événements

Les événements sont ceux qui fonctionnent sur le même modèle que ceux organisés par Facebook, pour lesquels une photo est généralement publiée avec le titre, la description de l'événement, la date de début et de fin, la langue dans laquelle il se déroulera, voire la catégorie, ces événements sont généralement intéressants et une occasion en même temps, de faire un lancement.

10. Activité

L'activité est un facteur où toutes les fonctions ou étapes réalisées sont résumées, ce qui signifie que ce que vous faites sur Twitch sera reflété sur cette section, elle est basée sur un historique du compte afin que vous puissiez prendre en compte les modifications, les retransmissions et tout autre type d'activité comme son nom l'indique.

11. Outils de transmission

Cet ensemble d'outils sont des programmes qui peuvent être utilisés pour créer et mettre en place vos émissions en direct, ils existent sous toutes les formes que vous pouvez imaginer, du payant au gratuit, le plus courant est d'utiliser OBS, pour tirer le meilleur parti de ses fonctions vous devez vous familiariser avec ce qu'il offre.

Une étape clé consiste à obtenir la dernière version de l'OBS, où vous trouverez les sections à tester, ainsi que les polices de caractères que vous utiliserez lors de l'enregistrement. Il est donc recommandé de faire ces étapes à l'avance, afin que tout soit couvert lors de l'enregistrement.

Il existe également une option d'affichage du navigateur qui vous permet d'inclure une sorte de capture d'écran, ainsi que de vérifier l'entrée audio de la diffusion, autant de détails préparatoires pour illustrer le type de vidéo ou de contenu que vous allez créer.

Le logiciel vise à projeter la même chose que vous regardez derrière l'écran, ainsi que d'aider à gérer l'utilisation du matériel comme le microphone, l'image de la diffusion que vous pouvez diminuer et d'étendre comme est le mieux pour la vidéo, une autre fonction curieuse est de capturer le serveur audio et de jeu.

Lorsque vous démarrez le jeu, ce programme gratuit se charge de capturer toutes sortes de détails, il peut reconnaître le jeu pour appliquer les paramètres les plus appropriés, la gestion de la webcam est utile lorsqu'il s'agit de diffuser, c'est un moyen d'avoir un contrôle total de l'enregistrement.

Les scènes peuvent être ajoutées au moment de l'inclusion de la vidéo, et vous pouvez inclure des images pour créer une présentation avec des transitions, c'est l'un des utilitaires les plus courants qui avait reçu ce type de programme, qui vous permet de personnaliser la diffusion de la façon et le style que vous voulez, sans oublier l'inclusion de texte qui peut être effectuée.

12. Analyse

Elle se définit comme une section permettant de trouver les données relatives aux diffusions, depuis les points sociodémographiques des téléspectateurs, ainsi que les heures de lecture, entre autres détails, afin que vous puissiez prendre des décisions concernant votre contenu, cela vous aide à prendre au sérieux votre progression en tant que streamer.

Pour arriver à monétiser au sein de cette plateforme vous ne pouvez pas manquer de renforcer ces aspects, cela aide aussi à concevoir une stratégie grâce à l'analyse de ce type de données, c'est une mesure pour pouvoir s'améliorer.

13. Vidéos

Il s'agit d'un mode ou d'une section pour publier vos propres vidéos qui ont été montées, ce qui permet de les exposer facilement comme un faux live. Vous pouvez organiser toute la section en collections, afin de former des clips de vidéos qui appartiennent à d'autres streamers, c'est-à-dire qu'ils sont sauvegardés et peuvent être regardés à nouveau à un autre moment.

Réglages supplémentaires des canaux

Les paramètres du panneau de contrôle vous permettent d'accéder à l'un des éléments les plus importants pour vous présenter comme un streamer accompli. Vous devez donc connaître les points suivants :

- **Chaîne**

Dans cette section vous pouvez trouver la clé de transmission que vous devez utiliser pour commencer avec OBS, ceci est réitéré parce que beaucoup de fois vous perdez la trace de l'emplacement de cette clé, par cette section vous pouvez choisir si vous voulez sauvegarder les émissions précédentes, vous avez une période maximale de 14 jours pour le garder comme un utilisateur normal.

Si vous êtes un utilisateur Prime, partenaire ou turbo, vous disposez de 60 jours pour faire enregistrer la vidéo. Dans les options, vous pouvez choisir s'il s'agit d'un contenu pour adultes, ce qui ne signifie pas qu'il s'agit de pornographie, mais plutôt que des publicités violentes ou d'autres mesures sont diffusées avant le début de la transmission.

D'autre part, vous pouvez choisir la préférence d'optimisation, ce qui vous permet de vous assurer que la qualité vidéo peut aller de pair avec le streaming, c'est-à-dire que si vous avez une faible puissance sur votre PC, il peut être complexe d'exécuter deux tâches, comme le jeu et l'OBS, vous pouvez sélectionner la mesure "faible latence".

En revanche, lorsque vous disposez d'une grande équipe qui peut vous soutenir, vous pouvez continuer à diffuser sans limites. Un autre point auquel il faut faire attention est celui des autorisations, car vous avez le pouvoir de choisir si d'autres personnes peuvent diffuser le contenu de votre chaîne.

Un aspect esthétique qui assure une meilleure présence est la création d'une bannière qui peut apparaître lorsque la chaîne est désactivée, de cette façon les adeptes peuvent entrer et regarder une vidéo précédente, sans avoir besoin de cette image noire ennuyeuse qui reste sur l'écran, parce que plus vous êtes authentique, plus vous attirerez d'utilisateurs.

Les fonctionnalités facilitent la gestion des permissions sur la communauté, où vous pouvez accorder et nommer un éditeur dans la mesure où il a les mêmes fonctions que le propriétaire du canal, ainsi que l'inclusion d'un modérateur qui est chargé de gérer un environnement de chat convivial.

D'autre part, il y a les utilisateurs VIP qui sont décrits comme éminents dans la communauté, vous pouvez également trouver les paramètres de modération afin que tous ceux qui le souhaitent puissent être en contact avec vous, la participation au chat est un aspect que vous ne devez pas négliger, et vous pouvez également avoir un vérificateur d'email.

Les moyens de gagner des adeptes sur Twitch

Une fois que vous avez configuré votre chaîne, que vous connaissez chaque fonction et configuration, l'étape suivante consiste à créer une chaîne qui attire l'attention, afin que votre contenu soit l'un des plus visités, en utilisant pleinement tout ce qu'OBS a à offrir, ainsi qu'en ayant identifié à l'avance le sujet que vous allez traiter lors de la diffusion.

Commencer à strim est simple quand on couvre ces bases, l'essentiel est que vous preniez en compte la variété des canaux comme une motivation et non comme quelque chose de décourageant, car vous pouvez obtenir des followers tant que vous le fixez comme objectif, puisque le niveau de trafic qui est sur cette plateforme est une opportunité.

Tant que vous avez quelque chose d'unique à offrir à travers votre chaîne, vous pouvez exploiter au maximum les possibilités de croissance qui se présentent à vous, pour cela vous pouvez utiliser et mettre en pratique quelques conseils pour devenir un grand streamer comme les actions suivantes :

1. Définir le type de streamer que vous êtes

Ce que vous voulez être au milieu de Twitch est un point de base pour vous développer sur cette plateforme, car vous devez d'abord penser s'il s'agit d'un jeu, puis si vous allez jouer à tous les modes ou seulement aux nouveautés, par conséquent, vous devez définir le type de console que vous allez utiliser, ainsi que le style à choisir s'il est rétro ou nouveau.

Une fois que vous pouvez répondre à ces questions fondamentales et importantes, vous pouvez prendre des décisions pour vous développer sur ce média ou ce sujet, jusqu'à monétiser votre compte, c'est un point vraiment fondamental pour votre avenir sur cette plateforme.

2. Élaborer une stratégie de valeur

Il est vital que lorsque vous rejoignez Twitch, vous puissiez vous consacrer à la diffusion parce que cela vous passionne, mais pas parce que vous cherchez uniquement à gagner en notoriété, car cela est perçu par les utilisateurs, vous devez diffuser de l'empathie et de l'amour pour ce contenu, si vous ne vous conformez pas à cela vous pouvez être écrasé par la concurrence qui utilise beaucoup plus de charisme.

La formation d'une stratégie n'implique pas de la prendre au sérieux au point de perdre son naturel, car on remarque alors en direct que vous suivez un script inflexible, le plus précieux est que vous vous amusiez avec ce que vous transmettez, de cette façon vous ferez en sorte que plus d'utilisateurs vous voient au point de gagner plus d'utilisateurs en votre faveur.

3. Identifier ce qu'il y a de mieux dans votre offre

Chaque communauté est formée lorsqu'elle est réalisée avec une proposition de valeur, donc vous devez vous connaître pour promouvoir votre canal, si vous êtes un expert sur le sujet et cherchez à partager avec les adeptes toutes vos astuces, vous formez un profil qui fournira chaque personne, mais cela doit être combiné avec votre personnalité.

La façon dont vous expliquez une émission compte beaucoup, c'est une valeur ajoutée qui peut être définie dans la façon dont vous enseignez aux autres, vous devez prendre le temps d'apprendre la meilleure façon d'y parvenir, c'est pourquoi cela peut être un sujet redondant sur Twitch, mais il est présenté par plus de 1000 façons de l'expliquer.

La meilleure chose que vous puissiez choisir est ce qui vous convient le mieux, pensez ou donnez la priorité au type de personnalité que vous possédez, de cette façon vous pourrez trouver les réponses à ce que vous voulez faire, mais le but de tout cela est de créer un moment agréable pour que les gens vous voient, ce côté accrocheur est ce que vous ne pouvez pas perdre.

4. Maintient la constance

Pour être un streamer professionnel, vous devez mettre en place une cohérence, c'est nécessaire pour tout ce que vous proposez, c'est donc une excellente idée de fixer des heures d'enregistrement, pour créer l'habitude d'allouer ces jours à cette activité, vous devez également étudier les heures les plus fréquentées par les utilisateurs, cela vous aide à gagner du trafic pendant les transmissions.

Lorsque vous diffusez du contenu de manière régulière, les utilisateurs se souviennent de vous, mais vous devez également penser aux besoins des utilisateurs, c'est-à-dire que lorsque vous pouvez avoir accès à la plus grande concentration de cette communauté, il est essentiel que vous ayez une mesure fixe de création de contenu afin qu'il soit facile de le promouvoir.

5. **Organisez des tombolas ou récompensez votre communauté**

Rien n'excite plus une communauté d'adeptes que les cadeaux, donc une bonne façon de gagner l'appréciation des gens est par ce canal, donc organiser un concours et offrir des cadeaux est une bonne motivation pour qu'ils viennent sur le canal, le plus compétitif est un sweepstake car il vous aide à gagner du trafic.

6. **Créer et planifier des stratégies sur d'autres réseaux sociaux**

Twitch est reconnu comme un réseau social en soi, mais vous pouvez utiliser le trafic provenant d'autres réseaux sociaux pour vous faire connaître, c'est-à-dire que vous pouvez mettre en œuvre un plan de médias sociaux, qui doit correspondre au thème de la chaîne, ainsi qu'un moyen de partager du contenu de valeur, incitant vos followers à rejoindre Twitch sur votre chaîne.

Vous ne pouvez pas oublier de demander aux gens de vous suivre sur d'autres réseaux sociaux, cela fonctionne comme un tremplin pour se développer sur cette plateforme, la principale exigence est d'établir des relations avec les utilisateurs et de rester actif dans le partage de contenu, tout en vous faisant connaître afin d'attirer l'attention.

La conversation avec les utilisateurs est un bon moyen de partager du contenu. De plus, avec d'autres streamers, vous pouvez vous entraider dans le cadre d'un échange de promotion, de sorte que vous vous ferez tous deux connaître en utilisant la communauté de l'autre.

7. Participer aux événements et au réseautage

Les événements sur votre thème Twitch sont un excellent tremplin, de cette façon vous pouvez aller loin en utilisant une communauté locale, pour obtenir un soutien virtuel, de plus vous devez être reconnu dans le milieu ou au moins vous impliquer dans une activité dans cet environnement qui peut attirer l'attention des gens ou des utilisateurs.

Les événements prennent de plus en plus d'ampleur, surtout lorsqu'il s'agit de jeux vidéo. Il est possible de créer des activités virtuelles, comme la compétition avec d'autres streamers, ce qui permet de fusionner la popularité de chacun dans un flux qui peut déplacer une grande quantité de trafic bénéfique pour tous.

Dans le domaine de la radiodiffusion, vous pouvez devenir un expert à condition de prendre chaque étape au sérieux, et vous avez la possibilité de vous mettre en réseau avec d'autres streamers pour utiliser ce soutien à votre avantage, ainsi que pour présenter un contenu qui intéresse ce secteur, car il n'y a rien de plus excitant qu'un bon événement.

8. Apprendre et développer des actions de conception graphique

Votre chaîne peut être façonnée de la manière la plus adaptée au type de contenu que vous présentez, pensez-y comme à la décoration d'une pièce et de la même manière vous créerez une chaîne compétitive, du moment qu'elle émet une image parfaite, vous ferez parler le design pour vous, ce sera une présentation en soi.

Si la conception n'est pas votre truc et que vous ne voulez pas faire un gros investissement à ce sujet, vous pouvez utiliser quelques outils simples qui peuvent vous aider, ceux-ci sont totalement en ligne et avec un fonctionnement intuitif afin que vous soyez en mesure de présenter un grand design, parmi les options Canva se distingue.

Il y a de nombreuses façons de faire tomber les followers amoureux grâce au design, l'important est que vous puissiez aller plus loin, c'est-à-dire chercher une image parfaite pour le thème, car cela aide à faire la personnalisation et que les utilisateurs puissent vous reconnaître, pour cette raison vous pouvez chercher un soutien pour avoir une vidéo d'intro avant de diffuser un streaming.

9. Relais par d'autres canaux de médias sociaux

Outre le fait que Twitch est l'une des principales plateformes de diffusion, vous pouvez toujours utiliser d'autres médias sociaux pour faire remarquer votre contenu, en utilisant des récapitulations, des extraits, des morceaux drôles et autres pour attirer l'attention sur d'autres réseaux vidéo sociaux.

Vous pouvez essayer de diffuser votre contenu par le biais de Facebook Live ou même sur YouTube, l'important est qu'il s'agisse d'une proposition variée, de cette façon vous pourrez diversifier vos followers et faire passer l'attraction que vous générez d'une plateforme à l'autre, c'est peut-être quelque chose qui demande du dévouement, mais cela en vaut la peine pour grandir et se faire connaître.

10. Recherche et mise en œuvre du Neuromarketing

En tant qu'expert, il est courant que vous souhaitiez provoquer de plus en plus d'impact avec votre contenu, pour cette raison l'étude du neuromarketing est très utile pour transmettre de l'émotion et surtout gagner l'affection des spectateurs, l'esprit de vos utilisateurs peut être dominé tant que vous prenez soin de provoquer de l'attraction.

11. N'utilisez pas la phrase "suivez-moi et je vous suivrai".

Ce genre de méthodologie désespérée pour obtenir des followers ne vous laisse qu'un compte désespéré, elle ne fonctionne ou n'est plus appropriée que lorsque vous l'utilisez lorsque vous débutez dans ce média, et vous pouvez appliquer ce texte sur des forums, mais dans le but d'atteindre des personnes qui sont dans la même situation que vous, en termes de progression.

La proposition "suivez-moi et je vous suivrai" peut être source d'embarras, surtout lorsqu'il s'agit de faire évoluer une plateforme où vous devez être intéressant en raison du type de contenu que vous présentez ou du sujet traité. Ce n'est pas une mauvaise stratégie, mais vous ne devez pas vous y habituer.

Découvrez comment gagner de l'argent sur Twitch.

Être un streamer génère de nombreux avantages, parmi ceux-ci est la possibilité de générer des revenus, c'est une réalité lorsque vous avez une performance acceptable, c'est-à-dire le contenu doit être bon pour votre canal peut monétiser la façon dont vous attendez, pour atteindre cette tâche, vous pouvez suivre quelques conseils.

Une étape clé pour gagner de l'argent est d'apprendre autant que possible sur Twitch, ce qui inclut également de se tenir au courant des nouveautés sur la plateforme, puis d'assumer votre rôle de streamer de manière aussi professionnelle que possible, mais pas au point de devenir obsédé par le fait de gagner de l'argent.

Le processus de monétisation sur Twitch est un fait qui nécessite de la patience, car il ne se produit pas du jour au lendemain, mais vous pouvez garder à l'esprit que Amazon a un programme d'affiliation et la même chose se produit avec Twitch, dans ce cas, la plate-forme elle-même est responsable de vous inviter à en être un, mais vous devez répondre à certaines exigences telles que les suivantes :

- Respecter un niveau de diffusion de 500 minutes au cours des 30 derniers jours.
- Ont retransmis au cours des 7 derniers jours, environ 30 jours.
- Avoir une moyenne de 3 téléspectateurs au même moment dans les 30 derniers jours.
- Avoir au moins 50 followers.
- Maintenez un compte authentifié en deux étapes.

Un autre moyen de générer de l'argent est le système de don, qui consiste à activer une bannière permettant aux adeptes de faire des dons financiers en guise de contribution à la chaîne, c'est-à-dire qu'il s'agit d'une manifestation de soutien au contenu.

En outre, vous pouvez utiliser un autre type de système d'affiliation, pour cela vous devez partager des liens qui vous permettent de gagner une commission lorsque quelqu'un achète par le biais du lien, cela suit la même dynamique qui se développe dans le système d'affiliation d'Amazon ou comme cela se passe avec d'autres magasins de jeux vidéo tels que G2A.

Twitch développe un système de Bit, qui vous permet de recevoir un centime chaque fois que quelqu'un utilise un Bit pour envoyer des encouragements sur la chaîne.

La célébration de la Twitchcon

La célébration de la Twitchcon est connue comme un événement annuel, une offre de ce que la plateforme a de mieux à offrir, cette célébration se déroule sur un week-end entier, pour organiser et célébrer des activités, des streams, des tournois et bien plus encore, une compilation pour les vrais fans.

L'annonce de cet événement a beaucoup à voir avec le développement d'un grand nombre d'activités, augmentant ainsi le niveau de trafic qu'il est capable de générer par lui-même en tant que plateforme, c'est donc un sujet auquel il faut accorder de l'importance car votre participation peut vous amener à gagner des followers.

L'offre de Twitch sur les jeux vidéo

Ce point est pertinent pour ceux qui pensent que Twitch ne concerne que les jeux vidéo, car les catégories au sein de la plateforme s'étendent, l'une des plus populaires est IRL, qui est connue comme un espace pour les chaînes dédiées aux talk-shows et podcasts.

Tout ce qui est lié à la musique et aux arts du spectacle reçoit un traitement spécial, de même que les sujets scientifiques et technologiques sont bien accueillis sur cette plateforme, et les utilisateurs qui s'occupent de jeux de rôle, ou l'explication d'un métier comme le travail de la peinture, ce type de vision a une grande évolutivité sur ce support.

Les événements peuvent également être signalés par le biais de cette plateforme, tout comme les sports et le fitness, ainsi que les personnes qui cuisinent et même qui mangent en direct pour déguster un plat, ce qui suscite également l'intérêt de la communauté des utilisateurs.

Au milieu d'IRL, l'une des chaînes qui gagne en popularité est Just Chatting, où les utilisateurs s'assoient et utilisent leur webcam pour parler d'un incident bizarre qui se produit, tant que les questions de politique de la plate-forme sont sauvegardées, car la vie privée ne peut pas être brisée via Twitch.

Ce type de création de contenu brille parce qu'il est si intéressant, en soi est un thème qui invite à une participation constante, ceux-ci ont été détachés au même niveau des championnats de jeux vidéo, donc c'est un moyen qui est établi pour prévaloir et plus de gens sont enchantés par cette façon.

Gagner sa vie grâce à ces thèmes est une alternative qui se renforce, l'essentiel est que les téléspectateurs apprécient ce qu'ils regardent, c'est ce genre de motivation qu'il faut éveiller pour que les tendances montantes gagnent leur propre espace, surtout auprès de la génération Z ou V qui est la plus prédominante en ligne.

L'expérience Twitch peut être diversifiée, à condition de trouver un moyen de diffuser dans un style original, c'est ce qui permet à un plus grand nombre d'utilisateurs de rester fidèles au contenu que vous diffusez, cela va de pair avec les préférences qui découlent du marketing numérique, où la créativité sur le contenu s'inscrit.

Ce que vous devez savoir pour vous lancer sur Twitch

L'une des premières choses à considérer pour se lancer sur Twitch et gagner en popularité est de se mettre à la place des téléspectateurs, de découvrir ce que des millions de personnes aiment et passionnent, afin de pouvoir correspondre à leurs goûts. Ce site de streaming en direct est en train de devenir l'une des plus grandes plateformes.

Dans ce but, il est présenté comme une opportunité ou un moyen d'atteindre plus de 15 millions de téléspectateurs, il devient donc un espace pour démontrer ce talent professionnel afin de toucher plus de monde, en présentant des jeux vidéo, des interviews, des sessions et en diffusant toutes sortes de contenus.

Devenir célèbre est une option parmi toutes les possibilités qu'offre cette plateforme, il faut donc commencer par être un vrai streamer et susciter la sympathie, en plus de satisfaire aux exigences matérielles nécessaires pour répondre aux attentes des téléspectateurs, mais aussi développer le sujet sans défauts évidents.

- **Conditions requises pour diffuser sur votre chaîne Twitch**

Une étape fondamentale que vous devez épuiser est de montrer le contenu de la meilleure façon aux spectateurs, pour cela il est vital de couvrir certaines mesures de base afin que votre proposition numérique soit intéressante et attrayante en même temps, mais il est important que vous puissiez compter sur un bon PC ou une console de jeu qui soit adaptée au thème que vous voulez développer.

Cela fait, vous pouvez vous consacrer à l'utilisation d'un logiciel permettant de réaliser le streaming de qualité que vous cherchez à fournir, ce qui inclut également l'utilisation d'un microphone afin d'obtenir un niveau de clarté audio plus élevé. Il est généralement préférable d'investir dans des écouteurs qui intègrent le microphone car cela représente une plus grande commodité.

De la même manière, la caméra joue un rôle important, car c'est elle qui compose le contenu pour que les fans puissent en profiter, il est important que vous sachiez justement comment diffuser depuis le PC, pour cela vous pouvez visionner quelques tutoriels qui vous apprennent les étapes précédentes, pour maîtriser l'enregistrement depuis la Xbox One, PS4, Nintendo Switch et autres.

Les guides sur ce type de configuration sont d'une grande aide pour vous permettre d'obtenir des résultats de qualité, ainsi que d'intégrer davantage d'éléments tels que des captures d'écran, des clips, et de mettre en œuvre certaines astuces qui privilégient le niveau esthétique.

- **Dispositifs recommandés pour les streamings**

Le développement des streamings nécessite l'inclusion d'un équipement adéquat, bien que dans certaines matières il y ait des exceptions qui font que la transmission depuis un ordinateur n'est pas si compliquée ou coûteuse, de même être un streamer implique un investissement continu pour pouvoir progresser et devenir de plus en plus performant.

Dans le cas de la plateforme Twitch elle-même, il est recommandé d'avoir un processeur Intel Core i5-4670 ou équivalent à AMD, la mémoire RAM correspondante doit être de 8 Go, et le système d'exploitation doit être Windows 7 ou supérieur, de la même manière que cela peut être fait depuis un Mac.

Pour le streaming de jeux sur PC, vous devez disposer d'une carte graphique suffisamment puissante pour supporter les deux programmes, et capable de prendre en charge DirectX 10 et plus. Pour l'internet, vous devez utiliser une connexion rapide et stable.

Ces mesures sont recommandées et les meilleures pour que vous ayez de la fluidité dans la création de contenu, en ce qui concerne l'internet vous devez intégrer une vitesse d'upload de 3 MB par seconde, ceci est faisable pour la plupart des connexions internet, si vous vous demandez si vous allez diffuser depuis un mobile ou un ordinateur, ce dernier est toujours recommandé.

En utilisant le bureau d'un ordinateur, vous pouvez initier et réaliser la diffusion, car la diffusion de contenu à partir d'un ordinateur portable est une réalité, tant qu'il peut répondre aux spécifications de base pour prendre soin de la qualité, dans le cas où vous utilisez un appareil mobile, vous devez vous assurer qu'il dépasse les attentes des utilisateurs.

Les exigences système de base de Twitch sont très accessibles, tant pour la diffusion ou le streaming que pour la lecture de jeux à haut niveau graphique, même s'il est vrai qu'elles demandent une charge considérable au PC sans le saturer complètement.

Pour cette raison, certains streamers en ligne populaires utilisent deux PC pour alléger et répartir la charge, car l'un est utilisé pour charger les jeux et l'autre pour le streaming. Cela peut être complexe à mettre en place ou à maîtriser au début, mais vous pouvez utiliser un logiciel comme CyberPower qui facilite la gestion de deux PC sur une tour.

- **Détails clés sur la création d'un compte Twitch**

Il est possible de développer une adhésion personnalisée à Twitch via https://www.twitch.tv, de sorte que vous puissiez vous joindre à la plateforme pour effectuer la diffusion, où vous sélectionnez un avatar, une bannière et une description, de sorte que vous puissiez créer une présentation afin d'être attrayant pour les utilisateurs.

En même temps, vous devez incorporer la configuration de l'archivage des émissions, afin d'y avoir accès temporairement, ce qui fait que vous pourrez les regarder plus tard, au moyen de l'option de configuration, puis dans canal et vidéos vous trouverez les émissions d'archive.

- **Le logiciel dont vous avez besoin pour faire du streaming sur Twitch**

Un outil clé ou une partie du streaming sur Twitch est le logiciel de diffusion, afin que vous puissiez partager le contenu avec les utilisateurs, le logiciel le plus couramment utilisé à cette fin est le logiciel de diffusion ouvert (OBS), qui est entièrement gratuit.

D'autre part, il y a le logiciel XSplit, qui permet ou a une interface facile à utiliser car ses options sont intuitives, mais ses fonctions sont offertes par le biais d'un abonnement payant pour offrir l'exclusivité, au-delà de la sélection du logiciel, vous devez mettre en œuvre une configuration sur la transmission.

Au milieu de la transmission et de ses paramètres, il est essentiel de sélectionner les sources avec lesquelles vous souhaitez effectuer le streaming, c'est-à-dire choisir le type d'écran d'ordinateur, la source originale du jeu ou la webcam, et il est également essentiel de définir la manière dont les éléments seront affichés au spectateur.

Le choix de l'habillage ou de la superposition est important car c'est le texte qui apparaît lorsqu'un spectateur s'est abonné à la chaîne, il en va de même pour l'incorporation de détails sur le chat, la formation du flux de dons pour monétiser la chaîne si vous remplissez les conditions décrites.

Enfin, l'un des paramètres que vous devez mettre en place est la synchronisation de votre compte Twitch, afin de pouvoir diffuser les flux en direct que vous souhaitez, en prenant les précautions et les soins nécessaires.

- **L'incorporation de la caméra et du microphone**

Si vous n'avez pas de webcam, et que le thème de la chaîne est basé sur le contact avec la communauté, vous devez choisir un appareil qui vous permet de montrer votre visage, et le Logitech HD Pro C920 est l'un des meilleurs choix que vous pouvez faire, car il offre une qualité de capture basée sur 1080p.

Le modèle Logitech C922 offre la même qualité 1080p, mais il est doté d'une fonction de suppression automatique de l'arrière-plan, ce qui signifie que vous pouvez apparaître dans le jeu sans avoir à mettre en place un écran vert.

D'autre part, il y a aussi la fonction du Razer Kiyo, cela a des qualités similaires pour fournir la netteté pour annuler la lumière qui est incorporée afin que votre visage puisse être distingué sans aucun problème, bien qu'à un niveau technique vous pouvez utiliser un casque pour le streaming, il est préférable d'investir dans un microphone.

Plus l'équipement utilisé est spécialisé, meilleurs sont les résultats. Le microphone permet à l'auditoire de vous entendre clairement, l'un des plus achetés à cet effet est le Blue Yeti qui peut être utilisé via une connexion USB, et fournit un son de haute qualité et un moyen de recueillir les bruits qui vont avec.

Si vous n'avez pas le budget nécessaire pour vous lancer dans le streaming de cette manière, vous pouvez passer à la vitesse supérieure ou envisager d'autres appareils moins chers, comme le Samson Go Mic, pour ses qualités portables, et le Razer Seiren, qui sont tous deux des options utiles pour présenter une image professionnelle de vous-même.

Diffusion sur Twitch via des consoles de jeu

Si vous disposez d'une console Xbox One ou PS4, vous avez la possibilité de diffuser depuis la console elle-même, sans avoir besoin d'utiliser un autre type de dispositif ou de logiciel supplémentaire. Au moyen de Xbor One, il vous suffit de télécharger l'application Twitch, que vous pouvez obtenir gratuitement.

Si vous voulez faire du streaming à partir de la PS4, il suffit de faire défiler le menu pour partager à partir du système lui-même, bien que via la Xbox vous pouvez également profiter de ce type d'option pour vous connecter directement à la plate-forme Twitch, en plus de l'application gratuite qui a le Microsoft Store.

Dans les deux cas, il est facile de suivre ces étapes, même si la limitation de l'utilisation d'une console pour le streaming est que vous ne pouvez pas faire de réglages ou de personnalisations comme vous pouvez le faire à partir d'un PC, mais cela reste une alternative efficace pour faire partie du monde du streaming.

Lorsque vous voulez faire du streaming via la Nintendo Switch ou une console similaire, vous pouvez obtenir le contrôle du flux via une carte de capture, que vous pouvez enregistrer dans le jeu de la console sur votre PC, afin d'avoir un contenu mieux géré avec votre propre empreinte de personnalité.

Cette dernière option de streaming via une carte de capture est une solution populaire dans ce milieu, typiquement celle qui est souvent utilisée est l'Elgato Game Capture HD, qui permet l'enregistrement de vidéo 1080p à partir d'une Xbox One, 360 et également sur PS4, PS3 et Wii U.

Quel que soit le type de console, ou le type de système avec sortie HDMI, la carte de capture fonctionne idéalement, des adaptateurs de composants peuvent être ajoutés pour vous permettre de faire du streaming dans un style rétro, pour couvrir quelques enregistrements fluides ou lisses à 60 images par seconde, vous pouvez vous mettre au niveau du point HD60.

Diffusion sur Twitch via un PC

Si vous êtes passionné par les jeux vidéo, vous pouvez vous connecter sur Twitch pour diffuser des jeux en streaming. Il en va de même si vous souhaitez créer un programme quelconque, car il s'agit d'une plateforme pionnière en matière de transmissions, qui accueille donc jusqu'à 140 millions de spectateurs mensuels de manière unique.

Le type de streaming qui attire le plus l'attention est celui de Fortnite, de PlayerUknowns, de World of Warcraft et des autres émissions organisées dans les catégories art et cuisine. Le contenu sportif gagne également du terrain, et tout le monde peut créer du contenu original pour profiter des options de diffusion de Twitch.

En plus des capacités de jeu habituelles de la PS4 et de la Xbox One, elles ont également des capacités de streaming. Si vous souhaitez le faire à partir d'un PC, il vous suffit de disposer d'un matériel capable de répondre aux exigences de cette activité de streaming, ainsi que de mettre en œuvre un logiciel de streaming pour utiliser votre compte Twitch.

Partager votre contenu sur Twitch avec le monde entier est facile, car il suffit de s'inscrire pour commencer à profiter de son fonctionnement en direct. C'est une plateforme idéale pour tout le monde, et il suffit de configurer les paramètres suivants pour commencer à diffuser :

1. Installer l'application de diffusion sur le PC, pour cela vous pouvez intégrer différentes solutions comme l'utilisation du logiciel Open Broadcaster Software (OBS), qui est disponible pour Windows, Mac et Linux, ainsi que XSplit, qui est conçu pour Windows.

   OBS est gratuit à exploiter, grâce à sa nature open source, mais doit couvrir certaines configurations supplémentaires, tandis que XSplit dispose d'options intuitives, bien que ses options dépendent d'un abonnement payant pour accéder à ses fonctionnalités.

2. Allez sur Twitch et connectez-vous.

3. Sélectionnez le Panneau de configuration dans le menu déroulant, afin de pouvoir effectuer les réglages souhaités dans le coin supérieur droit de l'écran.

4. Trouvez et cliquez sur le type de jeu que vous souhaitez jouer via l'onglet "Jouer".

5. Accédez au titre afin de pouvoir diffuser efficacement.

Si vous souhaitez utiliser OBS, vous devez également effectuer une configuration sur le relais, en suivant ces étapes :

1. Cliquez avec le bouton droit de la souris sur l'OBS, et choisissez de l'exécuter en tant qu'administrateur, ce qui est essentiel pour utiliser Game Capture.

2. Choisissez la configuration de la transmission via le menu de configuration.

3. Sélectionnez Twitch comme service de streaming, puis vous pouvez cliquer sur Optimiser en bas à gauche du menu.

4. Retournez sur le tableau de bord Twitch et sélectionnez Strem Key, puis suivez les instructions pour recevoir votre code de diffusion unique.

5. Copiez et collez ce code dans la case Stream Key au-dessus du menu de configuration et cliquez sur "Ok".

La prochaine étape consiste à préparer le terrain pour votre mise en ligne, en suivant ces actions :

1. Dans l'interface centrale d'OBS, vous pouvez faire un clic droit pour entrer dans la case où il est écrit "Sources", pour ajouter la capture du jeu.

2. Sélectionnez le type de jeu que vous utilisez, grâce au menu qui s'affiche pour cliquer sur accepter.

3. Cliquez à nouveau avec le bouton droit de la souris sur la case "Polices", vous pouvez alors incorporer d'éventuelles polices supplémentaires. Vous pouvez ensuite saisir des images et du texte pour faciliter la mise en forme du design, vous pouvez utiliser la fonction "Capture de moniteur" pour afficher ce que vous voulez à l'écran, ou sélectionner "Capture vidéo" pour lancer la webcam.

4. Entrez dans la prévisualisation du flux pour modifier la scène, celle-ci est appliquée pour s'adapter complètement à la conception que vous avez à l'esprit, c'est-à-dire que vous pouvez utiliser un flux du jeu, mais souhaitez présenter un temps fort ou votre explication, cela peut être ajouté dans un coin du flux.

5. Cliquez pour démarrer la diffusion via le panneau de contrôle OBS, de cette façon vous serez complètement en direct.

Lorsque vous utilisez XSplit, vous pouvez configurer le streaming en suivant les étapes suivantes :

1. Ouvrez et connectez-vous à XSplit.
2. Sélectionnez l'option "Broadcast" pour ajouter la chaîne à Twitch dans un avenir proche.
3. Autorisez et entrez votre nom d'utilisateur et votre mot de passe Twitch.
4. Enfin, cliquez sur Terminer, afin que XSplit définisse automatiquement la résolution la plus appropriée.
5. Configurez les propriétés de la transmission et cliquez sur OK.

Préparez le terrain pour votre mise en ligne, en suivant ces étapes :

1. Allez dans la section Sources d'écran en bas à gauche de l'interface XSplit et cliquez sur "Ajouter".
2. Allez dans la capture de jeu, pour sélectionner le jeu que vous allez mettre en œuvre.
3. Ajoutez une source supplémentaire, comme des images ou un flux de webcam.

4. Faites glisser la source à votre guise, ce qui signifie que lorsque vous souhaitez présenter la capture du jeu dans le flux, comme une mise en évidence bienvenue, vous pouvez le faire au moyen d'une boîte dans le coin qui expose la webcam.

5. Ensuite, vous pouvez sélectionner Broadcast, puis Twitch, et ainsi vous serez en direct.

Comment diffuser sur Twitch via la Xbox One ?

Si vous avez une Xbox One, et que vous voulez devenir un streamer populaire, vous pouvez commencer à streamer à partir de cette console même, c'est un plus pour prouver que vous êtes bon, dans des jeux de la taille ou du calibre de Fortnite, cela peut être rendu possible avec quelques petits ajustements au préalable.

Il vous suffit de mettre en place la plateforme pour pouvoir utiliser Twitch, grâce à ces quelques étapes :

- Téléchargez et utilisez l'application gratuite Twitch, qui est disponible sur le Xbox Store.
- Connectez-vous, vous devez avoir un compte Twitch actif pour commencer à diffuser depuis l'application.

- Connectez-vous à https://twitch.tv/activate via un navigateur ou un PC, une tablette et aussi un téléphone mobile, il vous suffit de saisir un code qui apparaît à l'écran.
- Ouvrez le jeu que vous souhaitez diffuser via la Xbox One.
- Double-cliquez sur le bouton d'accueil, vous pouvez ainsi entrer dans le menu et en bas vous pouvez choisir Twitch, donc si vous avez Kinect ou un microphone connecté à la console, vous pouvez entrer dans Twitch juste en disant "Cortana, broadcast", ou en disant "Cortana, open Twitch", quand l'application est ouverte vous devez cliquer sur broadcast.
- Donnez un nom au flux, puis vous pouvez utiliser le menu des paramètres avant de commencer, ceci afin de pouvoir ajuster le fonctionnement du microphone, de la Kinect, du chat et autres, puis vous pouvez choisir le niveau de qualité du flux.
- Connectez-vous pour démarrer le flux et l'activer, cela peut être vu de près dans le chat Twitch pour modifier les paramètres via le côté droit de l'écran, vous pouvez également masquer la barre latérale de Twitch en appuyant deux fois sur le bouton d'accueil et en

sélectionnant l'option "Unpin", ou en disant "Cortana, unpin".

De cette façon, vous serez en direct dans un court laps de temps, et dans Google Play vous pouvez trouver une application gratuite et téléchargeable, il a beaucoup d'utilitaires pour configurer la diffusion en temps réel, et il fonctionne également pour vérifier comment la transmission va être.

L'incorporation du titre de la diffusion est possible grâce à cet outil, et il permet de partager facilement le lien pour regarder le flux en direct sur d'autres réseaux sociaux, vous pouvez rechercher d'autres diffusions, ainsi que d'autres pouvoirs.

Apprenez à faire du streaming sur Twitch via la PS4.

Pour partager les jeux du monde, vous pouvez utiliser la PS4, car elle est compatible avec le streaming Twitch, et vous pouvez commencer directement depuis la console, ce qui est très utile si vous cherchez à commencer avec Resident Evil 7, c'est un monde qui peut être mieux exploré avec ce type de console.

Il vous suffit d'appuyer sur un bouton de la console pour commencer à diffuser sur Twitch, en suivant les étapes suivantes :

1. Appuyez sur le bouton de partage de la manette PS4 lorsque vous êtes dans le jeu.
2. Choisissez "Rebroadcast GamePlay".
3. Sélectionnez l'option permettant de se connecter.
   4. Allez sur https://twitch.tv/active pour entrer le code sur l'écran du téléviseur.
5. Choisissez OK via PS4.
6. Sélectionnez Twitch une fois de plus.
7. Choisissez les options pour démarrer la transmission.
8. Restez en direct sur Twitch.

Lorsque vous voulez mettre fin à la diffusion, il suffit d'appuyer sur l'option dans le menu "Partager". Il existe également une application Twitch sur la PS4, mais elle n'est pas obligatoire, elle permet simplement de regarder les diffusions d'autres personnes, vous pouvez donc trouver les diffusions sur d'autres applications vidéo telles que Netflix, HBO Go et sur le PlayStation Store.

Comment il est possible de faire du streaming sur Twitch via la Nintendo Switch

Toutes les consoles existantes permettent de partager des jeux par le biais du streaming, à travers la Nintendo Switch on peut trouver une grande compatibilité avec les services de Twitch, cela se passe de la même manière qu'à travers la PS4, et la Xbox One, cela est dû à la variété des outils disponibles pour le live streaming.

Depuis la console elle-même, vous pouvez prendre le contrôle de la diffusion, via la Nintendo Switch c'est possible, seulement la procédure se fait à l'ancienne, car vous devez utiliser une carte de capture, des étapes simples vraiment, l'important est que vous puissiez faire la connexion à la carte de capture pour commencer à exploiter le contenu sur Twitch.

Jouer en direct sur Twitch est maintenant une réalité, il suffit de suivre les étapes ci-dessous pour faire du streaming :

- Obtenez une carte de capture, car la Nintendo Switch ne fonctionne pas ou ne prend pas en charge la transmission interne comme avec d'autres consoles de la génération moderne, vous devez donc opter pour un dispositif de capture externe, il est normal d'investir dans Elgato HD60, il a un coût approximatif de 200 $ US. Vous pouvez également trouver d'autres versions de la carte de capture qui vous permettront de diffuser en continu à des résolutions plus élevées, mais cela représente un coût supplémentaire.

- Une fois que vous avez investi dans l'acquisition de la carte de capture, la prochaine chose à faire est de la connecter au dock de la Switch et à la télévision, car c'est la seule façon de transmettre la vidéo. La carte doit donc être incluse dans le port de sortie HDMI du dock, afin que vous n'ayez qu'à appuyer sur le commutateur spécifique, bien que vous puissiez avoir besoin d'un autre câble HDMI vers la télévision pour voir ce que vous faites pendant la transmission.

- Connectez l'Elgato à un PC, vous aurez besoin des fonctions d'un PC, il doit être proche pour pouvoir être connecté au câble USB, en plus du port mini USB 2.0 sur la carte de capture, et l'autre extrémité peut être incorporée dans le PC, de cette façon vous pourrez contrôler la transmission du logiciel sur le PC, mais l'image affichée est retardée de façon minimale.

La connexion HDMI qui va à la télévision, affiche le jeu dans son intégralité sans aucun retard, vous devez télécharger le logiciel de capture pour utiliser librement la carte de capture, l'avantage est que le PC ne doit pas fonctionner comme une source d'alimentation, comme le matériel de la carte de capture reçoit la plupart de la charge.

En outre, vous devez vous concentrer sur la stabilité de votre connexion Internet, en particulier lors de la diffusion. Il est donc préférable d'utiliser une connexion Internet filaire pour poursuivre les étapes :

- Créez un compte sur la plateforme Twitch. Si vous avez déjà un compte, vous n'avez qu'une seule étape à franchir, mais si vous n'en avez pas, vous pouvez effectuer chacune des étapes gratuites.
- Liez le compte Twitch au logiciel Elgato, pour cela vous pouvez choisir Twitch comme plateforme de streaming en direct plutôt que le logiciel Elgato, de cette façon vous pouvez vous connecter et autoriser le logiciel à accéder à votre compte. Le logiciel Elgato dispose de tout ce dont vous avez besoin pour la diffusion en direct, même si les fonctions disponibles peuvent ne pas vous suffire.
- Vous pouvez également vous procurer le logiciel de streaming auprès de tiers, afin de mieux contrôler le streaming, vous pouvez utiliser des services gratuits tels que OBS ou XSplit, afin de disposer des fonctions de

capture vidéo d'Elgato, ainsi que d'autres options de streaming ou d'enregistrement vidéo.

Apprenez à diffuser sur Twitch à l'aide d'un ordinateur portable.

Les streams de jeux sur les plateformes de jeux telles que Twitch et YouTube sont un événement très tendance. Ainsi, lorsque vous cherchez à diffuser des streams à vos amis ou sur les réseaux sociaux, vous pouvez planifier des médias appropriés avec un public bien équilibré qui peut être construit selon un processus progressif, mais vous vous demandez peut-être si vous devez investir trop.

Le processus de streaming est simple, grâce à un ordinateur portable, cela devient une réalité, c'est ainsi qu'il faut commencer, il suffit de connaître les exigences minimales en matière de logiciel et de matériel pour pouvoir utiliser votre ordinateur à cette fin, car c'est une méthode qui fonctionne et vous pouvez l'utiliser à votre avantage pour le combiner ou l'utiliser comme matériel d'entrée.

Les conditions à remplir sont les suivantes : disposer d'un processeur Intel Core i5-4670 ou équivalent à AMD, ainsi que d'une mémoire de 8 Go DDR3 SDRAM, et d'un système

Windows 7 Home Premium, la priorité étant donnée au processeur, qui est le composant le plus important.

Le processus de transmission dépend également de l'âge de l'ordinateur, tout comme la vitesse du processeur. Ainsi, avec le i5-4670, vous disposez d'un processeur Haswell d'au moins 3,4 GHz, les processeurs des ordinateurs fonctionnant généralement plus lentement, car ils souffrent de certaines restrictions en matière de chaleur et de puissance.

Mais ces qualités ne sont pas une raison exclusive pour le streaming, pour autant que l'on pratique une configuration appropriée. La première étape est la sélection de matériel supplémentaire, car en partant de l'affirmation qu'un ordinateur portable est capable de répondre à toute une série d'exigences pour le streaming, il faut couvrir d'autres points.

La question du son ne peut pas être négligée, pour cela il vaut mieux miser sur un microphone externe, c'est important pour que les téléspectateurs n'aient pas de fautes ou de plaintes, il en va de même pour les graphiques qui doivent surmonter la basse qualité, sans perdre la fluidité d'une diffusion compressée pour qu'il n'y ait pas de point de retard.

Ce matériel doit permettre de diffuser des commentaires captivants, avec la meilleure qualité possible, afin qu'aucun utilisateur ne s'ennuie ou n'abandonne la diffusion, car certains microphones de base intégrés aux PC ou aux casques peuvent être loin de répondre aux attentes.

La plupart des streamers optent pour le Blue Yeti, car il fonctionne comme un microphone complet, couvrant ainsi plus de 90 % de l'audio de chaque flux. Si vous avez un budget limité, vous pouvez opter pour le SnowBall, qui offre un type d'audio compact, pour la moitié du prix, c'est acceptable.

L'utilisation de ce type de microphones chaque fois que vous devez transmettre facilite tout le processus de transmission, et tant qu'il s'agit d'articles utilisables via une connexion USB, tout est à votre disposition pour que vous puissiez emporter le studio avec vous où que vous soyez.

L'essentiel est que le son ne soit pas affecté par un quelconque problème matériel, vous pouvez essayer avec les appareils que vous voulez tant qu'ils sont externes, la prochaine chose à essayer ou à couvrir est la connexion internet, cela peut être quelque chose de stupide, mais la mesure recommandée que vous devriez chercher à couvrir est le minimum de 2 Mbps de bande passante de téléchargement pour transmettre en 720p.

Un conseil utile est d'opter pour une connexion filaire, afin d'avoir une stabilité sur le réseau, car le WiFi subit plus de perturbations qui peuvent fragmenter votre transmission, mais tout dépend de la confiance que vous avez dans votre connexion internet, ce qui correspond au logiciel, qui peut être couvert par différentes alternatives.

Une mesure du logiciel que vous pouvez mettre en œuvre est le GeForce Experience Share de Nvidia, ainsi que les options premium connues sous le nom de XSplit, mais l'habitude est d'utiliser OBS ; Open Broadcaster Software, qui est complètement gratuit, et ses fonctions font partie de la qualité open source.

L'utilisation de ces outils vous permet d'avoir une performance équilibrée, et il est facile de réaliser tout type de configuration, vous avez donc plus de possibilités pour des transmissions fluides, d'autant plus que OBS est à votre disposition juste en l'allumant car vous avez toutes les scènes dont vous avez besoin.

La facilité d'avoir une scène principale telle qu'un jeu, mêlant des images explicatives, la projection de votre visage par la webcam et l'entrée audio par le microphone, est une simplicité qui s'affiche sur un seul écran, où vous ne perdez pas le contrôle pour faire des coupes et reprendre ensuite.

Sur chaque scène, vous pouvez utiliser une variété de sources, ainsi qu'une diversité d'organisations, avec un placement de type simple pour ne rien manquer, dans le cas où vous voulez ajouter un périphérique d'entrée audio comme un microphone, il suffit de cliquer sur le signe "+".

Ce processus est répété avec chaque type de logiciel, il est donc appelé un chemin simple en théorie, le menu vous permet de changer et d'intégrer de façon transparente, où vous ne devriez pas manquer la source qui vous aidera à intégrer la capture d'écran, ce qui à son tour vous permet de changer et de créer les scènes du jeu qui sont plus frappantes.

Pour effectuer ce processus, vous devez utiliser la clé de streaming, pour enregistrer tous les paramètres et indiquer simplement de commencer le streaming, et tout peut être surveillé par la prévisualisation, dans le cas où vous voulez tester ce qu'un flux exige sur votre PC, vous pouvez démarrer le flux avec un " ?", de sorte que le flux est envoyé, mais il n'est pas affiché sur le canal, et de cette façon vous pouvez détecter les défauts.

Lorsque vous utilisez le logiciel OBS pour la diffusion en continu, vous risquez de compromettre certaines des ressources de votre PC. Vous pouvez réduire la qualité de la diffusion en continu en utilisant les options vidéo, en choisissant 720p comme paramètre acceptable et en utilisant le taux de 30 images par seconde.

Un autre paramètre que vous pouvez modifier est le paramètre de priorité, qui, au lieu d'être réglé sur élevé, vous pouvez aller dans la section avancée de la configuration, d'autres détails préréglés peuvent être choisis pour les processeurs plus lents, même le codage matériel peut être modifié pour de meilleurs résultats.

Mais il ne faut pas limiter toutes les fonctions pour que le logiciel fonctionne correctement, bien que la désactivation de l'aperçu soit un autre moyen de vous aider à ne pas consommer autant de ressources, ce à quoi il faut penser, c'est à couvrir plus de puissance aux transmissions au fur et à mesure que le compte avance.

La question des performances a de nombreux côtés, car beaucoup préfèrent un ordinateur de jeu, et d'autres avec un ordinateur décent peuvent se débrouiller avec les transmissions, tout dépend de la façon dont vous vous sentez le mieux travailler, donc la meilleure chose à faire est d'essayer jusqu'à ce que vous fassiez l'étape finale dans les transmissions.

- **Dell XPS 13 avec Intel HD Graphics**

Lorsque l'on pense à la diffusion en continu via un ordinateur portable, l'ajout de la carte graphique Intel HD peut susciter curiosité et controverse, notamment parce qu'elle peut exiger une plus grande dose de patience, car l'absence de carte graphique est un inconvénient pour le codage du matériel et le GPU, car il est saturé à 100 % pour n'importe quel jeu.

En fonction du jeu et du type de streaming que vous faites, vous pouvez commencer à tester avec 720p, donc vous travaillerez avec l'un des paramètres les plus bas, cette opportunité vous aide à vous adapter à la capacité de l'équipement, mais toujours en faisant la moyenne de combien de fps vous êtes capable de couvrir, donc vous pouvez voir combien il est affecté.

Lorsque vous parvenez à avoir un CPU léger, vous pouvez avoir un ordinateur portable capable de lire et de transmettre, en imposant les limites de 30 fps qu'il est capable de tolérer, cela fait qu'aucune interruption ne se produit pendant la transmission, mais ce qui se passe, c'est que vous remarquez la compression de la vidéo sur certaines scènes, mais compte tenu du niveau, c'est acceptable.

Vous devez expérimenter avec les ressources graphiques et investir, car de cette façon, vos émissions acquièrent la valeur que vous attendez pour attirer l'attention du public, de sorte que vous ne devez pas appliquer une compréhension après coup ou beaucoup moins.

- **Xiaomi Pro - Nvidia MX150**

Il est connu comme un Xiaomi Pro Ultrabook qui a un processeur de qualité i5-8250U, en plus d'avoir quatre cœurs, et 8 Go de RAM, en termes de graphiques, il a Nvidia MX150, donc vous allez avoir un pilote qui est capable de dépasser vos attentes, le MX150 est destiné à une version mobile par la GT 1030.

Ce genre de qualités offre ce que n'importe quel GPU ne peut pas intégrer, le tout dans un Ultrabook ultra-fin. Cet accès signifie qu'il peut utiliser le codage matériel pour fournir une bonne qualité de streaming, et vous permet de pousser la qualité de votre propre contenu aussi haut que vous le souhaitez.

Sur toute la gamme d'options graphiques, il offre une qualité 1080p, cette performance est égalée par une performance similaire en 720p, bien que le spectateur reçoive une meilleure expérience sur le flux, sans aucun saut de compression, de sorte qu'un réglage de 60 fps est accepté sans aucune limitation ou perceptible pendant les scènes.

L'utilisation d'un Ultrabook avec un GPU bas de gamme dédié est suffisante pour les transmissions 720p, de sorte que le streaming puisse être visualisé en haute qualité, avec des performances optimisées.

- **L'utilisation d'ordinateurs portables conçus pour les jeux vidéo**

Vous pouvez essayer des ordinateurs conçus pour supporter les jeux, car cela garantit une meilleure réponse. De plus, ils supportent toutes sortes de mises à niveau, l'espace de transmission est sécurisé par un bon équipement qui a de la puissance.

Certains ordinateurs que vous pouvez essayer avec pleine recommandation est le GL62M-7REX, bien qu'il puisse offrir une faible transmission, si on le compare à un ordinateur qui a un GPU de milieu de gamme et est moderne, pour cette raison de transmettre à partir d'un ordinateur portable, vous pouvez trouver différentes alternatives pour rendre cela plus facile et plus facile.

De plus, vous pouvez utiliser des logiciels libres pour remplir n'importe quel objectif de diffusion, et avec une configuration réduite, ainsi que quelques fonctions matérielles, vous pouvez obtenir des résultats brillants pour donner la bonne image à votre communauté.

Des astuces pour capturer des moments épiques sur Twitch

Regarder n'importe quelle chaîne Twitch est synonyme de trouver un contenu que vous souhaitez partager ou qui est choquant, peu importe ce qui attire votre attention, vous pouvez prendre une capture d'écran pour partager ce genre de moments ou de scènes spéciales, c'est simple et cela devient populaire.

La fonctionnalité de clips de Twitch facilite les choses, car en quelques clics, vous pouvez exposer les moments forts de n'importe quelle chaîne que vous avez regardée, mais c'est une fonctionnalité dont disposent les chaînes par abonnement, donc si vous avez des clips, vous devez savoir comment les utiliser correctement en suivant ces étapes :

1. Placez la chaîne Twitch que vous avez choisie, puis vérifiez si elle dispose de l'option clips, car elle est limitée pour certains comptes, pour vérifier vous devez chercher le bouton violet d'abonnement pour commencer, aussi les clips peuvent être obtenus sur le contenu en direct, et il ne fonctionne pas avec le contenu pré-enregistré.

2. Survolez le lecteur vidéo, afin de cliquer sur l'icône du clip, en bas à droite, pour qu'un clip vidéo de 30 secondes démarre dans un nouvel onglet. Selon le mode Twitch, vous avez jusqu'à 25 secondes avant de cliquer et 5 secondes après.

3. Cliquez sur l'onglet pour visualiser le clip que vous venez d'enregistrer, puis vous pouvez utiliser et profiter des boutons de certains réseaux sociaux comme Twitter, Facebook et Reddit pour partager le contenu, ou vous pouvez copier le lien et l'envoyer, une fois qu'ils ont regardé le clip, les utilisateurs peuvent voir votre nom en haut et pour enregistrer le clip, vous pouvez faire un clic droit et sélectionner "enregistrer la vidéo sous".

Comment créer une audience sur votre compte Twitch ?

Twitch accueille un nombre impressionnant de célébrités, car il s'agit d'une plateforme qui offre un moyen de monétiser et de développer du contenu comme aucune autre, et cette liberté de diffusion est quelque chose que les fans de ce type de contenu ont demandé, où un style élégant et la diversité des sujets sont maintenus.

Les meilleurs streamers se consacrent à leurs comptes avec un haut niveau de professionnalisme, mais ce que les utilisateurs apprécient le plus, c'est leur personnalité pour raconter ou développer un contenu. Il y a donc encore de la place pour de nombreux comptes, tant que vous vous consacrez à offrir de l'originalité et une manière différente de raconter ce sujet.

Le profil que vous devez avoir pour former une communauté est celui d'un streamer humble, amical, et surtout qui prête beaucoup d'attention à l'interaction, car le traitement que vous donnez dans le chat a une valeur importante pour toute communauté, c'est donc un devoir de traiter les gens comme la chose la plus précieuse du compte.

Mais la croissance de l'audience est également liée aux composants ou aux détails de la transmission, qui ont pour nom : ponctualité, présence, interaction, cohérence et compétence. Ce sont les points sur lesquels vous devez vous concentrer pour créer un véritable nom.

Sur Twitch, vous pouvez aller loin, surtout lorsque vous épuisez toutes les options de croissance comme la formation d'un partenariat, et vous pouvez éventuellement fournir aux utilisateurs certains avantages pour créer un abonnement mensuel, ce qui crée une exclusivité et en même temps est un signe ou un symbole de revenu pour vous.

Quel que soit le niveau de streamer que vous êtes, vous devez chercher à vous améliorer et à mettre en pratique toutes les actions qui sont tendance au sein de ce média, vous pouvez prendre en compte ces recommandations pour faire évoluer votre compte :

- **Trouvez et définissez votre niche**

Pour se démarquer dans un environnement de 2 millions de streamers, la première étape fondamentale que vous devez franchir est de générer une bonne idée ou un thème, qui en même temps doit être différent du reste, car il est probablement déjà traité par un autre compte, vous devez donc vous spécialiser dans quelque chose de spécifique que vous pouvez transmettre.

Bien que n'importe quel thème que vous choisissez doit être complètement maîtrisé par vous, de cette façon vous pouvez développer un contenu de qualité, pour gagner l'appréciation des téléspectateurs et transmettre qu'ils comptent sur vous, il est nécessaire de répandre l'amusement, le rire, le divertissement et surtout l'intérêt pour qu'ils continuent à vous regarder, tout cela sous le naturel.

- **Soyez cohérent**

Il est essentiel que votre compte soit cohérent, car de cette façon, les utilisateurs vous traiteront et vous programmeront comme si vous étiez une émission de télévision. Ainsi, chaque fois que vous êtes en direct, vous pouvez créer une programmation, de sorte qu'il est facile d'en faire la promotion et que les utilisateurs se souviendront de la regarder sans avoir à voir de publicité.

- **Créer des alliances**

Une grande partie du succès des streamers réside dans les partenariats, car c'est une façon de partager et de multiplier le sens de l'humour, cela augmente également l'interaction des utilisateurs car les deux communautés fusionnent, ainsi avoir un stream avec quelqu'un ayant des réalisations notables ou même une célébrité sur votre sujet attire un haut niveau de trafic.